# LES PLUS BELLES RACES
## DE CHIENS

FRANÇOIS KIESGEN DE RICHTER

# DÉDICACES

À mes petites filles Léa et Zoé.

LES PLUS BELLES RACES DE CHIENS


ÉDITION 2 017


COLLECTION LES CHIENS DE RACE


LE GUIDE ILLUSTRE


Tome IV

# TABLE DES MATIÈRES

# L'AMERICAN STAFFORDSHIRE TERRIER

L'American Staffordshire Terrier, est aussi connu sous le diminutif « AmStaff ». Il a des qualités physiques et mentales hors du commun. Il est un bon gardien mais il doit être éduqué à prendre les bonnes décisions au bon moment, car s'il estime qu'il y a un danger, il entre spontanément en action. Il est docile et très intelligent ce qui permet de parfaitement l'éduquer, mais attention, il ne faut pas stimuler son agressivité par le chahut ou la bagarre, car ses origines le suivent : c'était un chien de combat. Il faudra faire un travail pointu de socialisation, sinon il sera agressif envers ses congénères, et se montrera sauvage et brut. C'est un terrier, et il pourra être fugueur, ce qui nécessite de l'éduquer tôt et de prévoir une protection électronique de la propriété avec un collier d'alerte.

L'American Staffordshire Terrier supporte la solitude et reste calme lorsque vous n'êtes pas là, à condition de l'avoir préparé progressivement à vos absences. Il adore les enfants et il aime se faire dorloter par eux. Mais attention, comme pour toutes les races canines, la prudence est de mise, et <u>la surveillance est obligatoire</u>.

Il sera indispensable de lui faire faire de l'exercice et si possible de le mettre en club pour une activité canine non agressive, sinon il risquera de développer des problèmes comportementaux. Il devra être éduqué au minimum jusqu'à ses dix-huit mois.

L'American Staffordshire Terrier est un chien qui aime se sentir important à vos yeux et qui voue de l'admiration à son maître.

L'American Staffordshire Terrier n'est pas né en Grande-Bretagne, comme la plupart des Terriers, mais dans les colonies anglaises d'Amérique du Nord et du Canada, d'où son nom. Ses ancêtres sont le Bull-and-Terrier et le Blue Paul terrier, une race aujourd'hui éteinte qui était auparavant élevée à Glasgow, en Écosse, lieu à partir duquel elle s'est diffusée dans les colonies Anglo saxonnes.

L'American Staffordhire Terrier (AmStaff) et le Staffordshire bull-terrier (Staffie) sont souvent confondus. Un *« Amstaff » mâle pèsera entre 25 et 35 kilos* contre <u>11 à 17 kilos pour un « Staffi</u> ». Les standards sont différents. Un American Staffordshire avec pedigree entre dans la catégorie 2, alors que s'il est non LOF il sera en catégorie 1. L'American Staffordshire est du groupe 3 celui des Terriers, puis la section III celle des Terriers de type bull. Il n'est pas admissible aux épreuves de travail.

# LE BERGER ALLEMAND

Le berger allemand est un beau chien, éclectique, intelligent, robuste, facile à éduquer et à entretenir. C'est un chien équilibré, sûr de lui, vigilant et à l'écoute du maître. Il fait preuve de courage, et possède un instinct naturel à la défense du maître et de la propriété. Il est heureux dès lors qu'il partage le quotidien de son maître. À la maison, l'apprentissage de la hiérarchie et du respect doit se faire dès son plus jeune âge. Il faut savoir rester ferme mais juste. Le berger allemand comprend vite et souhaite apprendre. Son environnement compte beaucoup, et il doit y trouver un équilibre. Le berger allemand est exigeant sur le plan affectif, il a besoin qu'on le sollicite pour jouer, pour être caressé et pour partager. Il a besoin d'être mis à contribution et d'avoir un rôle à jouer. Avec les enfants une très grande complicité pourra naître avec un berger allemand. Il faudra toujours surveiller un enfant et un chien.

Le berger allemand est un chien qui s'adapte à toutes les situations, mais qui aura besoin de codes précis qui ne devront pas être constamment changés. Il sera un chien formidable, si son éducation a été bien menée. il ne peut s'épanouir et être heureux que s'il peut avoir une activité physique importante. Il doit absolument recevoir une éducation positive, c'est-à-dire sans cri ni brusqueries ! Sa souplesse de caractère est certainement sa qualité première. Il apprend vite, écoute parfaitement, et à une parfaite capacité d'adaptation.

C'est le chien idéal pour un maître averti, car il a besoin de son pour canaliser son instinct. Bien entendu le travail est idéal. Son instinct de défense et de garde peut occasionner de gros problèmes de comportement s'il n'a pas été éduqué correctement.

Le berger allemand est un chien émotionnel et instinctif, et c'est aussi un athlète puissant. Pour être heureux avec un berger allemand il faut partager vos activités le plus possible avec lui. Vous apprendrez ainsi à le connaître et vous serez surpris par son instinct et sa capacité d'anticipation. Il n'y a qu'une seule règle, si vous faites confiance à votre berger allemand, il vous fera confiance. Pour construire une relation pérenne et fiable, les jeux, la récompense, l'activité et l'éducation sont les outils de l'éducation du berger allemand. Avec un berger allemand il suffit de savoir dire non ! et une seule fois ! votre compagnon aura compris.

Les Bergers de Württemberg et les bergers de Thuringe ont donné le patrimoine génétique du berger allemand. Le début de la toute première lignée est celle de Hektor von Linksrhein un berger de Thuringe de couleur gris et jaune, à oreilles droites, qui sera ensuite rebaptisé Horand von Grafath.

## LE BERGER AUSTRALIEN

Le berger australien plaît par la couleur de sa robe. Mais n'oubliez pas que c'est un grand sportif. Naturellement obéissant, le berger australien est à l'écoute de son maître, et ses aptitudes à l'éducation sont particulièrement bonnes. La maîtrise du rappel en toutes circonstances sera indispensable pour un berger australien. Il est intelligent, doué d'un instinct prononcé, mais il a un tempérament querelleur. Aussi dès qu'il sera chez vous, il faudra l'exposer à des congénères et lui fixer les règles. L'idéal est de l'inscrire à l'école du chiot dans le club canin de votre région.

Le berger australien se montre souvent réservé lors des premiers contacts avec des étrangers. Il ne faudra surtout pas le forcer mais au contraire le laisser à son rythme faire connaissance. Surtout, le berger australien ne supporte pas la solitude, il faudra l'y acclimater très progressivement. Ce n'est pas un chien que vous quittez le matin pour le retrouver le soir, il sera malheureux. Pour obtenir un berger australien équilibré, je veux dire bien dans sa tête et bien dans son corps, il lui faudra une activité physique quotidienne mais aussi une activité mentale. Pour l'activité physique vous pouvez vous limiter à des ballades et du jogging, pour son activité mentale, il aura besoin de jouer avec son maître, et de partager.

Le choix de l'éleveur sera essentiel, car une mère trop jeune ou mal socialisée, n'arrivera pas à éduquer correctement ses chiots et c'est la mère qui donne la première éducation. À la maison, l'apprentissage de la hiérarchie et du respect devra se faire dès son plus jeune âge. C'est-à-dire dès huit semaines. D'autre part il y a des risques de tares oculaires chez certains sujets de couleur merle et seuls les éleveurs vous garantiront contre ce risque.

Vous devrez savoir stopper les enfants et le chien. Le berger australien est très dynamique, le jeu est sa passion et il faudra donc savoir dire « stop ».

Venons au point crucial : c'est un chien sensible. Il ne s'épanouira pas dans un climat de brutalité, ou de bruit, ou dans un contexte trépidant. Il pourrait rapidement devenir craintif ou agressif.

Le berger australien est une race de chien de berger enregistré par la FCI sous le nom d'Australian Shepherd. Le standard d'origine a été enregistré aux États-Unis. Une modification concernant la queue a été intégrée au standard européen. Sa grande popularité vient du succès de l'équitation style western aux États-Unis. En effet les spectateurs de rodéos, de concours de ranch ou de films retransmis à la télévision, ont apprécié la beauté et la qualité du berger australien. Le qualificatif « australien » a été attribué par association avec les chiens de berger arrivés d'Australie aux États-Unis au XIXe siècle.

# LE BERGER DE LA SERRA DE AIRES

Le Cão da Serra de Aires avait pour mission la garde et la conduite les troupeaux de moutons, chèvres et bovins, au Portugal.

Ce petit Berger fougueux est un excellent meneur de troupeaux. Les Portugais l'ont surnommé "Cao Macaco " (chien singe) à cause de son faciès unique et exotique qui lui est donné par son museau court, sa barbiche et ses moustaches ainsi que son jeu de tête et à cause de son tempérament joueur et de son agilité de singe. Son pelage soyeux est assez long et sans sous poil.

Le Serra de Aires est méfiant et timide comme beaucoup de races de chiens de bergers, il faudra réussir absolument sa socialisation et tout commence chez l'éleveur puis se poursuit assidûment avec son maître.

C'est un chien qui adorera sa famille, notamment les enfants avec lesquels il aura une complicité naturelle. Il se montrera un bon chien de garde. Il saura apprendre à rester seul à la maison.

Le Berger de la Serra de Aires possède l'avantage de ne pas faire de mue et son toilettage restera donc facile et rapide.

Intelligent, calme, équilibré il apprendra très vite. Il sera soucieux d'accomplir au mieux les ordres qu'on lui donnera. Il aimera par-dessus tout faire plaisir à son maître, ce qui permettra tous les apprentissages : agility, obéissance, troupeau, obstacles, pistage…

Il sera aussi un chien passe-partout qui suivra son maître aussi bien à l'hôtel, au restaurant, en ville, à la campagne.

Attention, malgré son excellent caractère, c'est un chien timide et sensible qui aura besoin de travailler ou d'avoir une activité. Il adorera par exemple les longues promenades avec son maître et sa famille.

Le maître de ce chien devra lui apporter l'équilibre et l'assurance dont il a besoin pour s'épanouir et ne pas devenir un chien nerveux et angoissé.

L'allure légère et suspendue, est typique à cette race. Pour faire la comparaison entre nos chiens de berger à poils longs, il est entre le Berger de Brie et le Berger des Pyrénées, avec une tête forte et large, des yeux de couleur foncée à l'expression douce et des oreilles tombantes.

# LE CHIEN DE BERGER DE MAJORQUE

C'est un chien de berger Espagnol, de la catégorie des Bouviers, ses autres noms sont Perro de Pastor Mallorquin, Majorca Shepherd Dog, ou **Ca Bestiar.** Son Standard porte le n° 321, ce chien de troupeau vivant presque exclusivement aux Baléares, est inscrit dans le 1er groupe.

Il est de santé robuste, facile d'entretien un brossage hebdomadaire suffit mais il demande beaucoup d'exercice.

Il pourra se monter fugueur s'il n'est pas socialisé tôt, mais son éducation est aisée car il est joueur, intelligent et surtout calme à condition que l'on respecte son besoin d'exercice.

Il sera rapidement propre, et sera gentil avec les enfants sous condition qu'il ait la possibilité de retrouver son refuge il faut comme toujours avec un chien maintenir une surveillance.

Il n'aime pas trop les voyages, ni la vie en appartement – il a trop besoin d'espace -. Il est naturellement apte à la garde surtout pour prévenir et dissuader, pour l'intervention il faudra l'éduquer.

Ses plus grands défauts sont de ne pas aimer la solitude et de tenter de fuguer, et sur ces deux points vous aurez des protocoles à suivre pour l'éduquer surtout pour lui faire accepter de rester seul. Bien éduquer il sera affectueux, docile, fidèle et vous pourrez compter sur lui.

Le Berger de Majorque ne doit pas être un premier chien, il a beaucoup de caractère et il faut le socialiser très tôt, il a besoin d'un maître ferme mais pas autoritaire, aimant mais pas bonne pomme.

Il ne montrera des qualités de garde et de défense que s'il ne se renferme pas sur lui-même, et ne devient pas timide à cause d'une éducation trop autoritaire.

Le mieux est tout de suite après la socialisation tôt de lui faire de l'obéissance puis d'enchaîner avec un travail de garde et de défense. Comme il peut vite se renfermer sur lui-même il faudra le mettre en confiance, n'hésitez pas à le mettre au petit mordant – lui faire mordiller des ballotins de chiffon – pendant la socialisation et avant le travail d'obéissance.

C'est un chien qui sera dévoué à son maître, prêt à donner sa vie pour vous, et qui sera très courageux toujours prêt à tout pour défendre ceux qu'il aime.

Mais attention, il devra être équilibré pour être capable de proportionner ses réponses aux situations. Sinon, de temps en temps, vous aurez un chien méchant et agressif surtout avec les inconnus et vous irez de désillusions en désillusions.

# LE BERGER DE PICARDIE

Très peu connu du grand public, il reste le compagnon de l'amateur averti.

Très joyeux et joueur en famille, surtout avec les enfants, le Berger de Picardie est plutôt réservé envers les étrangers. Très fidèle à son maître, il voudrait vivre constamment à ses côtés et montre son affection de toutes les façons possible. Il est beaucoup moins nerveux que les autres chiens de berger notamment les Belges et les Allemands. Il montre des aptitudes pour toutes les tâches : garde, défense utilité et famille.

Mais attention, il ne doit pas « moisir » dans un appartement car il a un grand besoin de se défouler en faisant beaucoup d'exercice physique en plein air. Quand il est jeune il se montre parfois fantasque, quelques fois excessif, mais attention car il ne supporte pas une éducation autoritaire. Quand il est adolescent il est têtu et cabochard, et donc éducation de base demande un maître expérimenté car il faut de la persévérance, du tact. Adulte, il a un comportement très stable, donc une fois parfaitement socialiser et éduquer, il suffit de gérer son dynamisme naturel. Il ne faut pas vous y tromper, l'habit ne fait pas le moine, c'est un excellent chien de défense, bien que l'intervention directe ne soit pas dans sa nature, il est un gardien vigilant et c'est son intelligence qu'il utilise dans les situations où il doit intervenir. C'est un chien rustique et très robuste. Son apparence très rustique est due à son poil dur et à ses sourcils hirsutes. Sa sobriété, sa robustesse, son élégance, et l'harmonie de ses lignes en font un chien où tout est un accord parfait. Il supporte aussi bien le froid que la pluie et la boue et n'est pas gêné en saison chaude.

Il a du caractère, il fait preuve d'intelligence et d'efficacité, vous serez comblé par cette race si vous êtes un cynophile averti.

La race a un passé de paysan ou elle ne craignait ni les Renards, ni les Loups. Le Bergers de Picardie est utilisé en garde et en défense en milieu professionnel et tous les maîtres-chiens apprécient sa stabilité de caractère et son endurance.

# LE BERGER HOLLANDAIS

Souvent considéré comme un chien très intelligent le Berger Hollandais est aussi un grand sensible. Il ne faudra jamais l'oublier lors de son éducation qui est impérative. Il faudra le socialiser très tôt car sinon il aura une tendance à ne pas supporter ses congénères.

Affectueux, obéissant, intelligent, docile, vigilant, digne de confiance, courageux, le Berger Hollandais est peu exigeant et très résistant. Il est toujours attentif, actif et doté d'une vraie nature de chien de berger. Il lui faut un maître qui a le temps de le faire courir et de l'éduquer. Il exige un maître doux car c'est un chien sensible surtout à la voix et aux gestes, qui doivent suffire pour le commander.

Il est très pot de colle avec ses maîtres, il aura du mal à rester seul, et il pourra se montrer agressif envers les visiteurs. Ce sera un excellent gardien, un merveilleux chien de compagnie, il saura vous attendre sagement, si vous adoptez la bonne méthode d'éducation. Sinon, vous risquez de vivre l'enfer : s'il n'est pas assez sorti, s'il n'est pas canalisé, s'il a été éduqué avec trop d'autorité. Éduqué selon la méthode positive, il sera très dévoué envers ses maîtres, excellent de garde, et attentif envers les enfants.

De nature, le Berger Hollandais possède un grand sens du territoire, et il gardera non seulement ses maîtres et son terrain, mais aussi sa meute, mais encore une fois il faudra être attentif, car ses capacités latentes doivent avoir été travaillées en éducation. Sinon, très vite il pourra sur protégé son territoire et aboyer sur les passants et encore plus s'ils sont accompagnés d'un chien. De même, s'il estime de lui-même qu'il y a un danger, il interviendra et cela risque d'être très ennuyeux. Pour ces deux raisons, une éducation à la garde s'impose pour qu'il sache quoi faire et quand le faire.

Il sera heureux entouré de ses maîtres dans une maison. L'idéal pour lui est une vie en pavillon avec un jardin clôturé. Il faudra le sortir souvent et régulièrement. Je fais cinq kilomètres par jour, la moitié du temps mes chiens sont en liberté. J'en ai la possibilité car je vis à la campagne, et que leur rappel est travaillé en permanence.

La variété la plus répandue chez les Bergers Hollandais est celle à poil long. En France c'est la variété à poil court, qui est plus répandue, toutes proportions gardées car il est peu connu, sauf en son pays.

# LE BICHON MALTAIS

Le Bichon maltais est vif, intelligent, et surtout très attaché à son maître. Il est aussi orgueilleux et susceptible, et, s'il a l'impression d'avoir subi une injustice, alors il peut se mettre à gronder. C'est un joueur, un très bon compagnon pour les enfants.

Il est très courageux et il aboie vivement contre les intrus, c'est un vrai signal « d'alarme ». À ce propos, très tôt il faudra le canaliser avec une éducation adaptée. Il faudra qu'il sache différencier les situations et ne pas aboyer à chaque fois qu'il entend l'ascenseur.

Gai, facétieux, enjoué, intelligent et débrouillard, il n'est pas un fatigué de naissance : il adore les longues promenades, même jusqu'à sa vieillesse. Il fera la vie, pour une promenade : c'est son vrai bonheur et il ne faut pas lui en compter !!! Une fois chez lui, il apprécie ses coussins et son confort. N'est-il pas un petit chien de compagnie ? Il est très attaché à ses maîtres et il les surveille sans relâche, attention car il fait parfois preuve d'adoration, et l'éducation devra limiter cette tendance.

En principe, s'il est socialisé, il s'entendra avec les autres chiens, et il a cette particularité de ne pas aller titiller les gros chiens. Il n'est pas provocateur.

Surtout, ne lui criez pas dessus : c'est un émotionnel. Il faut l'éduquer avec douceur et de fermeté. Son éducation est très facile, car il aime la flatterie. C'est exclusivement un chien d'appartement qui demande beaucoup d'attention pour son entretien, surtout pour les sujets d'exposition.

Il a un défaut, qu'il faudra corriger dès son arrivée, : il supporte difficilement la solitude et se montrera destructeur en cas d'absences prolongées. Si vous le grondez en rentrant, il développera de la susceptibilité. Pour éviter de trop grandes angoisses à ce petit chien, il est important de lui apprendre très tôt à rester seul, et cela très progressivement.

Soyez calme, mais montrez-lui que c'est bien vous le maître. Et surtout n'utilisez que l'éducation positive avec lui : récompenser quand c'est bien, affirmez « **<u>Non</u>** » quand c'est mal. Il ne faudra pas utiliser la punition. Comme il se vexe jouer là-dessus. Cette méthode d'éducation conviendra très bien à ce petit être.

# LE BORDER COLLIE

Souvent considéré comme un chien très intelligent le Border Collie est un des chiens les plus actifs. Adorable chien de compagnie il ne pourra s'épanouir et être heureux que s'il peut avoir une activité physique importante. Le Border Collie, débordant d'énergie, ne peut être confié à des personnes âgées, ni même à des enfants trop agités. Il doit absolument recevoir une éducation, qui sera positive, c'est-à-dire sans cri ni brusqueries !

C'est un chien intelligent, indépendant, réceptif et rapide, sa souplesse de caractère est certainement sa qualité première. Il apprend vite, écoute parfaitement, et à une parfaite capacité d'adaptation. Il est actuellement le gardien de troupeaux le plus utilisé au monde, car il aime faire plaisir à son maître en se mettant à son service dans le travail au troupeau. C'est le chien idéal pour un maître averti, mais pour un acquéreur mal informé, il pourra être une source de soucis. Le Border Collie est hyperactif, et il faut le gérer avec finesse et intelligence. L'instinct de berger se déclare généralement entre 3 et 12 mois. À ce moment-là, il exprimera un intérêt particulier pour le mouvement et adoptera une attitude de prédation. Il pourra passer ses heures entières au grillage du jardin, à la barrière du balcon, ou il fixera le mouvement des piétons ou des véhicules !

Il sera alors grand temps de canaliser son instinct avec de l'activité canine. Son instinct de berger peut occasionner de gros problèmes de comportement s'il n'est pas géré correctement, car l'obsession naturelle du Border Collie est de contrôler le mouvement : n'oubliez jamais que tout ce qui bouge le passionne, et que tout ce qui est dispersé le dérange. Il ne faudra pas que ballons, chats, vélos, poussettes, tondeuses à gazon, deviennent pour lui des substituts au travail sur ovins.

Le Border Collie est un chien sensible et instinctif, l'éducation lui apprendra à maîtriser sa fougue et lui permettra de faire des activités canines : c'est pour lui indispensable.

# LE BOULEDOGUE FRANÇAIS

Le Bouledogue français est exclusivement un chien de compagnie. Malgré son aspect de molosse féroce, son caractère est très joyeux. Il est plein de joie de vivre, et il est toujours prêt à jouer. Il aime les enfants et est pour eux un compagnon de jeu infatigable, mais il convient aussi aux personnes âgées parce qu'il n'a pas besoin de faire beaucoup d'exercice. Quand il est plus âgé, il reste joueur et aime « faire le clown », mais il est aussi capable de se transformer en chien tranquille, réservé et paisible. Il adore son maître et a besoin de rester le plus possible avec lui. Le Bouledogue français est un chien d'appartement idéal parce qu'il a le poil ras, bave très peu, n'est pas trop aboyeur et sait s'adapter aux circonstances (jeu effréné ou tranquillité absolue) avec une grande intelligence et intuition. Il est très sensible aux humeurs de son maître. C'est un chien sociable, mais l'adoption de deux mâles est à éviter car leur cohabitation n'est pas toujours harmonieuse. C'est un chien drôle, intelligent, joueur, éveillé, assez sportif, très attaché à l'humain, avec un poil ras ne nécessitant qu'un entretien limité. Il s'adapte aussi bien à la vie à la ville qu'à la vie à la campagne. Le bouledogue français a toutes les qualités requises pour être un excellent compagnon. En revanche, son caractère affirmé fait qu'il a tendance à devenir très vite dominant, si des règles et des barrières ne lui sont pas imposées.

Tous les amateurs de Bouledogues vous diront que ce n'est pas un chien ; c'est un mélange de chien, certes, mais d'humain, de chat, et même de gremlin ! Qui n'a pas en tête cette remarque de Colette affirmant avec humour « j'ai quatre chiens et un bouledogue ! ».

Outre son apparence caractéristique, son caractère fait partie de son charme inimitable. Sa plus grande qualité est l'attachement qu'il voue à son maître mais il exige plus une présence que de longues caresses ou des jeux infinis.

Évidemment, cet amour exclusif peut le rendre jaloux et possessif et il appartient au maître de rester le chef afin de ne pas devenir esclave de ses lubies. Une bonne éducation dès le plus jeune âge est donc primordiale ; il faut se montrer ferme sans excès et user d'un gant de velours dans une main de fer.

## LE BOUVIER BERNOIS

Le Bouvier Bernois est un magnifique chien aux allures de nounours, qui est un compagnon merveilleux pour toute la famille. Il est essentiel de bien le connaître avant de le choisir. Calme, jamais agressif sans une excellente raison, il est très attaché à ses maîtres. Il vous séduira autant par sa beauté que par sa gentillesse.

Le Bouvier bernois est un chien très sociable de nature, il cohabite très bien avec les autres chiens. Bien entendu s'il se fait agresser, il ne restera pas passif et se défendra. Mais lui ne cherchera jamais les histoires. Le Bernois est le grand ami des enfants. Il connaît sa force et la maîtrise, ce qui lui permet de jouer avec les petits et les grands. Il a beaucoup de patience ce qui plaît aux enfants. Toutefois il reste un chien. Vous ne devez jamais laisser un enfant avec un chien sans surveillance.

C'est un chien de montagne qui a la réputation d'être un pot de colle. Le Bouvier Bernois est un chien dissuasif par sa taille, il prévient. Il est aussi un très bon protecteur. Il ne sera pas agressif mais sentira le danger et vous préviendra.

Un Bouvier Bernois en appartement ne sera pas heureux. Il faut savoir, que le chiot a une croissance osseuse et articulaire à risque qui exigera d'utiliser l'ascenseur. C'est un chien de montagne, quelques petits tours du pâté de maison ne lui suffiront pas. Aussi il n'aime pas la solitude.

À l'origine le Bouvier Bernois était utilisé dans les fermes du canton de Berne comme chien de garde, de trait et de bouvier. On l'appelait Dürrbächler du nom du hameau et de l'auberge de Dürbach près de Riggisberg dans le canton de Berne. C'était un chien tricolore à poil long très répandu. En 1902, en 1904 et 1907, les plus beaux spécimens furent présentés en exposition canine. En 1907 des éleveurs de Berthoud (Burgdorf) décidèrent de promouvoir cette race à travers le club suisse du Dürbächler. En 1910, comme pour les autres races de chien des montagnes en suisse, on le rebaptisa, et devint le Bouvier Bernois. C'est à partir de ce chien que s'est développé le chien de berger suisse, défini comme « chien des refuges ». Aujourd'hui, ils sont également utilisés comme chiens guide d'aveugle et comme chiens de la protection civile. C'est pour cette raison qu'ils ont été classés comme chiens d'utilité au lieu d'être regroupés avec les Bergers et autres Bouviers.

# LE BOXER

Le Boxer est issu de plusieurs croisements qui eurent lieu au milieu du 19ème siècle afin d'obtenir un chien au physique puissant, élancé et agile. Ce dogue proviendrait ainsi du croisement entre le Bullenbeisser ou « mordeur de taureaux » en allemand (aujourd'hui disparu) et le Bulldog anglais. Originaire d'Asie, le Bullenbeißer aurait été importé en Europe à partir du ve siècle par les Huns, un peuple de cavaliers nomades, à l'époque des invasions barbares. Les Huns, utilisaient ce type de molosse, meilleur pour le combat que pour la garde, durant leurs campagnes militaires.

Il exige une éducation très pointue, et il n'est pas recommandé que ce soit votre premier chien. Une fois socialisé, éduqué vous aurez un merveilleux compagnon. Il sera très équilibré et adorera jouer avec les enfants de la famille, mais attention à son caractère sportif car il peut bousculer sans le vouloir, et monter une extrême vivacité. Donc il faut veiller à ce qu'il puisse partir dans son coin – endroit interdit aux enfants – et que vous ayez l'œil sur son interaction avec les enfants de façon à le tempérer si les enfants s'excitent, car le Boxer suivra, et mieux il entraînera les enfants. C'est un chien courageux, avec un instinct de protection développée, et qui est d'une extrême fidélité envers ses maîtres, c'est aussi un bon chien de garde du monde Il est intelligent, et réceptif, des qualités qui vous permettront de calmer sa propension à avoir un caractère têtu.

Il est extrêmement doué pour analyser et réagir face à un danger qui menacerait sa famille ou son territoire et notamment les enfants, tout en agissant – si l'éducation est réussie - de façon tempérée et adaptée. Enfin, son tempérament de grand sportif, exige que vous soyez disponible. Le Boxer ne sautera pas sur le grillage et n'aboiera pas sur tout ce qui bouge, il ne montrera pas les crocs dès qu'il percevra un inconnu, il ne fuguera en général pas, mais la solitude lui pèsera. Il faudra vous armer de patience, et surtout respecter les préceptes d'éducation pour l'habituer à rester seul.

Abordons maintenant un point sensible ! Et oui il bave. La raison est que le Boxer a un chanfrein court. Donc il bave et il halète plus vite que les races à chanfrein long, et c'est aussi la raison pour laquelle il faut faire attention aux grosses chaleurs et qu'il ait toujours à boire.

Bref deux inconvénients, il n'aime pas être seul et il bave, et au minimum trois qualités, il est fidèle, adore les enfants et excelle en garde. Et surtout, si vous aimez les ballades avec un chien en liberté, il n'est pas fugueur, il n'est pas agressif, et il apprend très bien le rappel.

# LE CANE CORSO

Le Cane Corso est une race de chien d'origine italienne, et pas Corse malgré son appellation. Le Cane Corso est utilisé comme chien de garde, de défense, de police et de pistage chez les professionnels, mais aussi comme chien de compagnie et de garde chez les particuliers.

Il est placide, assez réservé, calme, silencieux et il faudra lui apprendre à aboyer et à grogner pour donner l'alerte. C'est un chien au caractère stable, qui devra être éduqué car il a une tendance marquée à se montrer bagarreur jusqu'à l'affrontement avec ses congénères, et il pourra même pousser son maître au défi direct si vous utilisez la méthode « brutus ». Une fois bien éduqué et socialisé, il sera très attaché à ses maîtres et n'hésitera pas à intervenir en cas de danger. En famille il ne pose pas de problème si dès son plus jeune âge son éducation a été bien menée.

Le mâle a beaucoup de caractère, il ne faut pas vouloir le dominer, donc il lui faudra un maître calme, serein et ferme sans être jamais autoritaire. Un maître laxiste se laissera rapidement déborder. Sportif, il apprécie de nombreuses disciplines : agility, obéissance, pistage sportif ou utilitaire. Il est, depuis juillet 2004, autorisé aux épreuves de mordant. Une activité canine pour le canaliser et pour partager des moments privilégiés avec son maître est à mon avis nécessaire.

Les origines de Cane Corso remontent au molosse romain qui a donné le Mâtin Napolitain un chien lourd et costaud, et le Cane Corso un chien plus léger et plus agile. C'est dans le sud de l'Italie, la terre des pouilles, la Lucane, la Calabre et la Sicile, que la race du Cane Corso, c'est enraciné. Il faut considérer que cette race molossoïde a parfaitement conservé ses caractéristiques : rapide, charpenté, nerveux, irritable et hautain, c'est la description qui a été faite du Cane Corso dans le poème « La Chasse » de Erasno di Valvason (1523 - 1593). Probablement les caractéristiques d'aujourd'hui d'intelligence, d'énergie et d'équilibre étaient-elles décrites ainsi dans le passé.

Le Cane Corso est un parfait chien de garde et de défense mais attention il sait se montrer féroce et courageux. Il lui faudra une éducation pointue pour ne se servir de son mordant légendaire qu'à bon escient. De la même manière il sera indispensable de le socialiser pour qu'il se montre doux et agréable car de nature il aime l'affrontement physique et va jusqu'à le provoquer.

## LE CANICHE

Le Caniche est le compagnon idéal de toute la famille et il adore jouer, mais il n'aime pas trop de brusquerie. Vous aurez l'embarras du choix car il existe en quatre tailles et dans 5 couleurs. C'est un chien qui a du caractère, et qui devra être éduqué en douceur. Son éducation sera relativement facile dans la mesure où il est très à l'écoute de son maître. Une fois qu'il a bien compris que le chef de meute c'est vous, tout se passe bien. C'est un chien qui a besoin de bouger pour les trois plus grands - grand caniche, moyen, nain. Le caniche toy lui a besoin de beaucoup moins d'exercice, c'est pourquoi il convient aux personnes sédentaires. Le Caniche s'adapte aussi bien à la ville qu'à la campagne. Il accepte de vivre en intérieur, à condition d'avoir au minimum deux sorties par jour. Il préfère avoir un jardin, car son « truc » est de sortir et de ne pas rester dehors trop longtemps puis de renter. Une famille où règne une grande agitation lui conviendra moins, car il est très sensible au stress. C'est aussi un chien qui a besoin d'être stimulé par le jeu pour qu'il exprime son caractère joyeux. Son grand défaut est qu'il déteste la solitude, ce qui imposera une éducation spécifique. L'une de ses qualités en appartement est qu'il ne fait pas de mue. Le caniche est facile à éduquer. Les caniches de petites tailles doivent absolument avoir une éducation car la race a beaucoup de caractère, le caniche nain comme le toy, deviennent très vite jappeurs. Tous les caniches ont des gênes de chien d'eau ce qui le pousse dès dix-huit mois à fuguer. Si vous rajoutez qu'il n'aime pas rester seul et qu'il aura alors tendance à détruire, vous avez compris à quel personnage vous avez à faire. Son éducation ne pose pas de difficultés, mais elle reste indispensable et doit commencer dès l'âge de trois mois. C'est un excellent lanceur d'alerte, il aboie utilement pour alerter son entourage d'une présence ou d'un bruit inhabituel. Il cache son jeu, car de taille moyenne, il fera un très bon chien de garde, et il a un mordant franc qu'il suffit de travailler. C'est un parfait compagnon qui s'adapte facilement à toutes les situations. Il suffit que vous l'aimiez. N'oubliez pas qu'à l'origine le caniche est un chien de chasse, il aime l'eau, il aime fouiner dans la campagne et vous pourrez lui demander de faire le chien de ville et de salon, mais en contrepartie il exigera des grandes ballades à la campagne et en forêt.

# LE CAVALIER KING-CHARLES

D'origine anglaise, le Cavalier King-Charles est très gracieux et bien proportionné, sa popularité s'explique par son caractère aimable et non agressif. Il est vif, sportif et gai. C'est un petit chien d'agrément parfois très énergique, il supporte bien la vie en appartement et est un bon compagnon. il a une démarche fière et un caractère affirmé. Joyeux, exubérant, heureux de vivre, le Cavalier King-Charles est un chien au caractère explosif, toujours en mouvement à la recherche d'une balle ou d'un autre jouet pour solliciter son maître. Toutefois, sa caractéristique principale est qu'il est capable de se calmer sur l'instant si son maître le lui demande. Sa présence devient alors imperceptible et on est même obligé de partir à sa recherche pour savoir où il s'est caché. C'est un chien parfait pour les enfants en raison de sa gentillesse, de sa bonne humeur et de son énergie inépuisable. Il a toujours un effet positif sur les enfants parce qu'il leur montre ce qu'est une totale joie de vivre. Dans la maison, il est propre, discret et n'aboie pas exagérément. Il est un exemple de chien de compagnie, dévoué et attaché à ses maîtres. Il ne leur demande qu'une chose : passer du temps avec eux. Compagnon de toute la famille, il s'adapte à toutes les situations et se plaît aussi bien en appartement qu'à la campagne pourvu qu'on lui procure sa dose d'activité quotidienne. En effet, il reste un épagneul et doit pouvoir se dépenser. L'éducation est primordiale, il peut adopter des comportements déviants s'il n'est pas éduqué jeune et s'il est mal pris en main. Il est très exubérant et empiète facilement sur le territoire de son maître.

# LE DOBERMANN

À la différence des croyances populaires qui le qualifie d'agressif et de dangereux, le Dobermann est un chien aimable et doux. Il ne faut pas le mettre dans les mains d'un débutant mais d'un maître aguerri et passionné, car il a un instinct de protection extraordinaire, Son seul défaut est qu'il est il est dominant avec les autres chiens. Son éducation et sa socialisation sont indispensables et doivent se faire avec patience et sans brutalité. Le DOBERMANN est facile à éduquer car il aime être au travail, se montre efficace, courageux et d'un caractère bien trempé. Il est très attentif à son environnement. Le DOBERMANN a besoin d'un maître qui l'encourage, l'entraîne, l'accompagne. Il est méfiant envers les étrangers, sera en alerte tout en restant calme. Sa socialisation doit être prononcée c'est comme cela qu'il sera canalisé. L'éducation commence à trois mois en école du chiot pour être avec d'autres congénères, et dès le départ il faut le stopper dès qu'il devient dominant. Comme il est très intelligent il apprend vite, comme il est plutôt émotif, c'est en utilisant cette caractéristique que vous le guiderez. Il a horreur que son maître lui fasse la gueule, ou ne lui parle plus pendant un petit moment, c'est par ce biais que vous l'éduquerez. C'est un grand sportif qui a un fort tempérament, mais ne le mettez pas au travail dans des conditions météo trop rigoureuses, car il ne supporte pas le très froid ni le très chaud. La première éducation du Doberman est de savoir rester seul, c'est la base pour qu'il prenne de la confiance et devienne équilibré. Il ne faut surtout pas avant que cette phase soit acquise avnat de proposer au DOBERMANN des exercices d'approche au mordant car le chien est encore trop craintif. Le DOBERMANN est fondamentalement aimable et pacifique, il est fidèle et gentil avec les enfants, il s'adapte très bien en appartement, il adore le canapé, il a un besoin vital de socialisation et d'éducation, et la compagnie de son maître lui est indispensable. C'est un des chiens les plus doux et les plus sensibles au monde et qui adore littéralement son maître, avec lequel il doit se sentir en osmose, Dans tous les cas, un DOBERMANN, est rapide, vif avec une très forte capacité d'intervention ce qui nécessite un maître responsable pouvant anticiper les réactions du chien. C'est un athlète, il est l'élite des chiens pour l'élite des maîtres.

# LE DOGUE ALLEMAND

Le dogue allemand réunit un physique et un caractère exceptionnel., et il adorera s'asseoir sur le canapé, pour regarder la télé à côté de sa famille. Très vite vous vous apercevrez qu'il est plus qu'un chien, mais un membre de la famille à part entière qui réclamera beaucoup de caresses et de câlins. Partout où il passera, il ne laissera personne indifférent. Son ample et souple démarche attirera forcément le regard. Lorsqu'il sera à l'arrêt, on sera impressionné par son port de tête noble et fier. Son maître ne devra pas se montrer autoritaire, car le dogue allemand est un tendre qui se vexe. Comme il est très obéissant il suffira à son maître de lui apprendre les codes et les procédures et ce sera définitivement acquis. Le dogue allemand est un exclusif, qui sera très fidèle et dévoué, car sa famille est tout pour lui.

Il sera têtu jeune, car il a du caractère et même si son éducation est aisée, elle est indispensable ce qui le réserve à un maître averti. Il faut préciser que sa croissance est longue et que sa maturité est tardive. Il faudra être patient et se rappeler que ce chien à 18 mois est encore un gros bébé.

Il faudra commencer à mettre en place la hiérarchie dès son arrivée chez vous et entreprendre sa socialisation après la semaine de découverte de son nouveau chez lui. Et surtout vous devrez l'habituer dès sa première sortie à ne pas tirer sur la laisse, sinon gare à vous pour maîtriser un tel phénomène physique.

Mais, et c'est très important, le dogue allemand devient solide vers trente mois. Il est très fragile pendant sa croissance. Il faudra éviter à l'intérieur de chez vous : les glissades sur le carrelage, et les escaliers. Il faudra éviter à l'extérieur : les sauts, comme bondir dans le coffre de la voiture d'un bond et tous les franchissements d'obstacles. Compte tenu de sa fragilité pendant sa croissance il vous faudra régulièrement consulter un vétérinaire pour vérifier son évolution en plus des vaccinations. C'est une race revient assez cher.

# L'ÉPAGNEUL BRETON

Très affectueux, équilibré, doux, sensible, franc, c'est un bon compagnon à la maison. Mais attention, c'est un chien éveillé qui a besoin d'activité. Ardent, plein de vitalité et d'énergie, c'est un excellent chien de chasse. Il est sociable avec ses congénères, c'est un bon copain pour tous les autres chiens, quelles que soient leurs races. L'épagneul breton apprendra bien, mais il ne faudra pas oublier qu'il pourra se montrer extrêmement têtu. Il profitera de faire la sourde oreille si vous ne savez pas vous imposer comme leader. Car ce petit chien cache un gros caractère. L'épagneul breton a plus d'un tour dans sa manche, tantôt câlin, parfois malicieux, il est très intelligence. Il apprécie les longues journées de chasse comme les grands moments de farniente auprès de la famille. Seulement voilà, pour son équilibre il a besoin des deux. Il fait le bonheur du chasseur par son ardeur dans la recherche du gibier, c'est un excellent leveur, mais attention il n'hésite pas à braconner en allant sur les terres privées. Il sera comblé s'il tombe dans une famille sportive adepte des loisirs de plein air et des randonnées. Il acceptera une famille tranquille, mais surtout il ne faudra pas oublier la longue promenade dominicale, sinon il sera très triste.

L'épagneul breton est très sociable, il s'adaptera à de tous les environnements, mais n'oubliez jamais que son « Kif », ce sont les grands espaces. Il acceptera, bien sûr le confinement d'un appartement et il restera affectueux et joyeux, mais il lui manquera quelque chose, et vous le lirez parfois dans ses yeux. Alors, si vous vivez dans un appartement ou une maison sans jardin, il faudra penser très souvent aux ballades. L'épagneul breton est un chien d'arrêt extrêmement rapide. Il est le roi de la chasse à la bécasse. C'est aussi un bon chien de rapport et surtout c'est un « leveur ». Par ses gênes c'est un chien sportif, et ses dispositions pour la chasse sont naturelles. Ne le lâchez pas en campagne – sauf si vous êtes chasseur évidemment – et utilisez un harnais avec une grande longe. Il est doté d'un excellent flair, vous pourrez travailler cette qualité innée en lui. Surtout, ne lui criez pas dessus : c'est un émotionnel. Il faut l'éduquer avec douceur et de fermeté. Son éducation est très facile, car il aime la flatterie. Il a un défaut, qu'il faudra corriger dès son arrivée, : il supporte difficilement la solitude et se montrera destructeur en cas d'absences prolongées. Si vous le grondez en rentrant, il développera de la susceptibilité. Pour lui éviter de trop grandes angoisses, il sera important de lui apprendre très tôt à rester seul, et cela très progressivement.

# LE GOLDEN RETRIEVER

Le Golden Retriever est à l'origine un chien de chasse rustique et polyvalent. Comme chien de compagnie il est très sociable, extrêmement attaché à son maître, patient avec les enfants. C'est un chien équilibré, aimant travailler et aimant faire plaisir, mais il supporte mal la solitude et le chenil. Doué d'une mémoire exceptionnelle, il est très facile à éduquer. Le Golden Retriever a gagné bien des prix en participant à des expositions canines et à des concours d'obéissance. Le Golden Retriever est utilisé aussi comme chien d'aveugle, notamment garce à son intelligence, à son écoute et la précision avec laquelle il peut être éduqué. Grâce à son excellent odorat, ce chien a gardé ses instincts de chasseur, et il reste un très bon apporteur de gibier. Il aime l'eau, et il est recherché pour la chasse sur les lacs ou sur les rivières.

L'équilibre psychologique du Golden s'obtient par le développement de ses capacités naturelles, par le respect de ses besoins et par la complicité avec son maître. Ce dernier point est essentiel. La socialisation du Golden est indispensable pour éviter les problèmes. Il faudra l'éduquer en club. Le premier point est qu'un Golden ne doit pas fuguer, et doit réagir immédiatement au rappel. Le second point est qu'il doit avoir un équilibre psychologique parfait car il a du tempérament.

Vous devez vous souvenir que le Golden est un chien de chasse. Sa désignation de retriever signifie littéralement « rapporteur » - c'est un chien de chasse capable de trouver, poursuivre et rapporter le gibier, ce qui implique de l'énergie, du dynamisme, de l'intelligence, mais aussi un goût pour la nature, pour courir et nager. Une obéissance issue d'une bonne éducation sera indispensable.

Le flair du Golden est très développé, et c'est un excellent nageur. Il est normal que jeune il cède à la tentation d'aller dans l'eau, de débusquer du gibier et des rongeurs et aussi de faire des trous dans le jardin pour les déloger. Une éducation précise sera nécessaire pour contrôler ses pulsions.

# LE GROENENDAEL

Le Groenendael est le plus polyvalent des chiens de berger belge. Par sa ligne harmonieuse et son pelage long, touffu et noir, c'est un des meilleurs chiens à prendre pour compagnon. Son intelligence est très vive et surprenante. Les professionnels l'utilisent comme chien d'utilisation : auxiliaire de la police, auxiliaire de sécurité, auxiliaire des armées (estafette, porteur d'ordre, et de blessés), chien d'avalanche, chien de garde, chien de défense, chien visiteur et comme chien guide pour les aveugles. Très courageux et extrêmement mobile, c'est un chien parfaitement apte à la défense personnelle. Il est toujours prêt à défendre son maître très énergiquement, ce qui impose une éducation si possible assez poussée comme l'éducation à la garde, mais il sait être en même temps un ami fidèle et un admirable compagnon de jeu, sport canin et de travail. Toujours aux aguets, attentif, infatigable, au caractère équilibré, très sensible, il s'attache énormément à son maître et à sa famille. Le regard toujours prêt à saisir la volonté de son maître, l'obéissance toujours immédiate sont les plus grandes qualités du Groenendael.

Monsieur Nicolas Rose, propriétaire du château de Groenendael, dans la forêt de Soignes, au sud de Bruxelles, et qui possédait une femelle, nommé Petite, entièrement noire avec une tache blanche au milieu de la poitrine et le bout des pattes également blanc fut le premier élevage de Groenendael. La femelle Petite fut accouplée à Picard d'Uccle qui appartenait à l'élevage Feluy-Arquennes. Dans la première portée de Petite, on sélectionna un mâle à qui l'élevage donna le nom de Duc de Groenendael.

Avant de choisir un Groenendael, le futur maître doit savoir que c'est un chien qui a du caractère, qui exige des sorties régulières au court desquelles il peut galoper et si possible en liberté, ce qui suppose une éducation poussée au rappel. Surtout le Groenendael à une personnalité qui exige un maître équilibré, clair dans ses ordres, affectueux et qui aime jouer. Le Groenendael a une sensibilité très développée, il a besoin d'un environnement calme, de points de repère fiables et d'une éducation souple mais ferme. Son plus grand défaut est que sans une parfaite socialisation il n'est pas l'ami de ses congénères. Au niveau de ses qualités familiales, il sait rester seul après une éducation progressive, il ne détruit pas, il aime voyager, il a une capacité à parfaitement s'adapter, il n'aboie pas à tort et à travers mais il prévient très bien. En famille c'est un chien qui devient collant, qui cherche à ce que l'on s'occupe de lui, notamment les femelles.

# LE HUSKY

Le Husky est d'un tempérament gentil et doux, éveillé et sociable, mais il peut devenir sans une éducation pointue un chien fugueur. Il n'est pas possessif et ne fait pas preuve de méfiance envers les étrangers ou les autres chiens. C'est un chien qui aime beaucoup les enfants, mais vous resterez vigilants, il ne faut jamais laisser un chien seul avec un enfant. Évidemment c'est un grand sportif. Compte tenu de sa tendance à fuguer et à sa manie d'accueillir tout le monde, il faudra une éducation pointue et précise. Comme c'est un chien intelligent, il n'y aura aucun problème. Il aboie rarement, et combine force, intelligence et endurance. C'est un compagnon fidèle et digne de confiance mais réservé à un propriétaire averti. Il faut éviter de le choisir comme premier chien. Ce chien est le compagnon idéal pour tous ceux qui aiment les races primitives les plus proches du « loup » possible. Il est absolument sans danger parce qu'il se lie d'amitié avec tout le monde. Pour l'utiliser comme chien de garde, il faudra du temps et une éducation spécifique, parfois sans garantie de résultat. Toutefois, il prévient très bien et il est impressionnant. C'est un chien très indépendant, et il peut s'avérer être un très gros prédateur. Il est à éviter si vous avez un beau volailler, ou un élevage de lapins. Il faudra donc être averti et bien connaître la race.
Si vous n'êtes pas une personne active sachez qu'un chien de traîneau exige beaucoup d'exercice. L'objectif de l'éducation d'un Husky est que vous soyez son leader sinon il aura un instinct naturel à vouloir être le chef.
Le Husky de Sibérie est le chien que nous connaissons en France. Son origine est nordique, il est un croisement de Huskys d'Alaska et de Husky Labrador, il s'agit d'un chien élevé par la tribu Esquimau de Choukchis qui l'utilisait pour tirer les traîneaux. L'élevage sélectif de la race a commencé aux États-Unis grâce à Eva Seeley que l'on peut considérer comme la « mère » de cette race et de celle du Malamute de l'Alaska. Il est le plus populaire des Huskys.

## LE JACK RUSSELL TERRIER

Le Jack Russell est un chien fier, hardi et énergique. Très fidèle et intelligent, sa première qualité est sa capacité au travail, suivie immédiatement par d'indéniables qualités de compagnon. Il est très facile à vivre et à entretenir et adore voyager. Affectueux, joueur, gentil avec les enfants, il est intelligent. Mais ne vous engagez pas sur l'achat d'un Jack Russel Terrier si vous ne connaissez pas la race. C'est un original qui n'est pas toujours docile et qui est parfois fugueur. Il lui faudra une excellente éducation et toujours beaucoup d'exercice. Ce n'est pas un calme.

C'est un chien qui ne vit pas bien en appartement, il a trop besoin de beaucoup d'exercices et d'activités extérieures et il est en général trop bruyant pour vivre en immeuble. Le Jack, c'est son petit nom, est un Terrier typique, vif, éveillé, actif, ardent et intelligent. C'est un chien extrêmement énergique, trop souvent hyperactif. Il est déconseillé aux personnes âgées. Une famille trop calme ne lui conviendra pas, car il faut qu'il bouge.

Creuser, aboyer, suivre une piste, sont les gênes du Jack. S'il n'a pas la possibilité d'utiliser son instinct naturel, il trouvera d'autres occupations amusantes comme poursuivre des voitures, chasser des oiseaux et des insectes, et creuser dans le jardin. Donc si vous prenez un Jack prévoyez-lui de l'activité.

Harceler, blesser ou tuer les autres petits animaux tels les chats, oiseaux, lapins, cochons d'Inde, souris, rats, ne sont pas de mauvais comportements du fait de son instinct naturel de chasseur. La cohabitation avec un chat est en général à exclure.

Un Jack sera toujours tenté d'aller voir ailleurs s'il y a quelque chose à chasser, c'est normal, donc prévoyez une clôture à votre jardin et un dispositif périmétrique pour chien, car sinon votre Jack creusera sous le grillage ou tentera de l'escalader. Un Jack peut devenir très possessif avec son propriétaire ou un membre de sa famille au point d'adopter un comportement très protecteur et répondre par des agressions. Vous devez savoir qu'un Jack à horreur de l'ennui et du manque d'activité et il sera destructeur en réponse. Il lui faudra donc la discipline.

Un Jack est vif et gai, et vous ne vous ennuierez jamais avec lui. Si vous êtes à la campagne, si vous êtes chasseur, si vous voulez un terrier, il est le chien idéal.

## LE LABRADOR RETRIEVER

C'est un des chiens les plus sympathiques, les plus joyeux et les plus joueurs du monde. Bien que ce soit un excellent travailleur, il ne pense en réalité qu'à s'amuser et à être heureux. C'est pour cette raison que le meilleur système de d'éducation doit passer par le jeu. Le Labrador Retriever est absolument sans danger pour les enfants assez grands mais il peut être « dangereux » pour les plus petits à cause de sa grande force dont il n'a même pas conscience : il risquerait par exemple de leur faire mal en leur faisant la fête. Très patient avec les enfants, il faut cependant se méfier de son caractère joueur et expansif auprès des plus jeunes, car il peut les blesser involontairement. Sa joie de vivre fait de lui un chien « surexcité » qui ne cesse de remuer, de courir, de sauter, de faire la fête. Il faut absolument l'éduquer par le jeu, et établir une connivence avec son maître. Les ordres simples doivent lui être inculqués dès son premier âge d'abord pour canaliser son énergie, ensuite pour que plus grand il soit calme. Le respect mutuel est primordial pour « en venir à bout ». Avec trop d'autorité vous « casserez le chien », et si vous le laissez tout faire « ce sera l'enfer ». Comme tous les Retrievers, c'est un travailleur infatigable, très doux et très facile à éduquer si vous oubliez l'autoritarisme, il a un énorme succès comme chien de compagnie. Théoriquement, il peut vivre dans un appartement sous condition d'une éducation parfaite, sinon l'appartement ne lui résistera pas, donc le jardin sera préférable.

Le Labrador est un chien amical, fidèle, intelligent, ardent, docile, doux, attentif, dévoué et enjoué. Il a l'instinct du rapport et adore l'eau, il lui faudra pouvoir jouer dans cet élément, mais après une parfaite éducation, et un rappel excellent. Le Labrador est un chien de chasse, c'est un chien de rapport notamment dans les marais grâce à son très bon odorat, à sa « dent douce » et à ses aptitudes exceptionnelles de natation. Il est également utilisé comme chien de recherche au sang.

C'est un chien très gourmand, il sera nécessaire de contrôler son poids. Il ne connaît pas toujours sa force donc il faut faire attention et notamment à sa queue virevoltante. Beaucoup de gens qui lui sont étrangers ne se méfient pas, mais c'est un chien « mordeur », qui parfaitement éduquer à la garde sera un très bon protecteur. En France, il fait partie statistiquement des chiens qui ont le plus mordu (statistique 2 016).

## LE LAEKENOIS

Il s'agit de la variété la moins connue des bergers belges. Elle est identique par sa conformation au standard de race du berger belge. Son aspect varie beaucoup à cause de son poil long, sec, ébouriffé, de longueur à peu près égale sur tout le corps, de 6 cm environ. Son nom vient du château de Laekenois, résidence d'été de la famille royale belge. Les Laekenois surveillaient les nombreux troupeaux dans les pâturages royaux du château. Le Laekenois a des qualités physiques et psychiques qui sont excellentes. L'origine du Laekenois remonte à un berger nommé Jensen. Il est l'une des branches du berger Pikhaar, un bouvier présent en Picardie et dans le nord des Pays-Bas. Les races qui en sont issues sont le berger picard pour le nord de la France, le bouvier des Flandres, le moermann et le berger hollandais à poil dur. Le grand public a rarement le coup de foudre pour cette variété de berger belge, qui est la plus proche du malinois. À la maison il sera un compagnon agréable et un excellent gardien, mais comme tous les bergers belges, il demandera de l'activité.

# LE MALINOIS

La variété de berger belge de couleur fauve à poils cours, a longtemps été appelée chien de berger belge de Malines. Il s'agit de la région nord occidentale de la Belgique, que l'on nomme le Brabant. Le nom exact de la ville est Mechelen en flamand, elle est située près d'Anvers. L'élevage « Ter Heide » est le berceau du malinois.

C'est un chien qui a la taille moyenne d'un loup, qui a le poil raz, et la robe fauve bringée. Son utilité dans les exploitations agricoles était surtout la garde des fermes et des troupeaux. C'est un chien intelligent, doué d'un instinct prononcé avec beaucoup de tempérament, aussi dès qu'il sera chez vous, il faudra fixer les règles et lui donner une éducation très pointue. L'idéal est de l'inscrire à l'école du chiot dans le club canin de votre région dès trois mois.

Le malinois s'imposa en Belgique sur les autres variétés qui étaient à poils longs : la variété à poil court présentant beaucoup d'avantages, et encore aujourd'hui en utilisation. Aujourd'hui les qualités de beauté sont importantes et le poil long se retrouve plus facilement en famille et le poil court en utilisation.

Le malinois est un chien de travail aux qualités exceptionnelles. Mais il est inexact de prétendre au grand public qu'il existe des lignées de travail et des lignées de famille. Les chiens de travail sont issus d'une sélection draconienne après des tests individuels. La génétique est ainsi faite que si l'on croise des lignées de chiens sélectionnés entre elles, cela ne donnera pas forcément un chien de travail. Par contre cela garantira des caractéristiques de la race. Il est donc totalement indécent de faire payer un prix fort en faisant croire que l'on vend un chien de travail alors que cette seule dénomination ne sera validée qu'en fonction des résultats du chien aux tests de sélection. Il est plus aisé pour un chien à poil coup d'effectuer certaines tâches professionnelles. Néanmoins, par rapport au Groenendael et au Tervuren, l'acquisition par un malinois des capacités de défense et de garde sera plus rapide, car à l'origine son utilité était la garde des troupeaux et des fermes et la sélection des sujets avec une bonne agressivité a commencé tôt.

S'il est socialisé tôt, qu'il bénéficie de beaucoup de sorties, et qu'il est éduqué de manière douce c'est un excellent chien de famille, néanmoins il a du caractère et cela exige un maître calme et patient.

# LE SAINT HUBERT

Le Saint-Hubert est un chien facile à vivre en raison de son calme. S'il n'a pas la vocation de gardien, son volume d'aboiement et son expression le rendent très dissuasif. En général, le Saint-Hubert n'a pas du tout de mordant, mais question flair il est le meilleur. Il ne faudra jamais oublier qu'il est un chasseur. Sous son aspect leveur de gros gibiers - comme les cerfs, les chevreuils ou les sangliers - notre ami à un cœur tendre : c'est un chien de compagnie doux et très affectueux. Mais attention c'est un indépendant. Sa gentillesse et sa bonhomie ne doivent pas vous faire oublier ce dernier point.

Le Saint-Hubert est affectueux et il est extrêmement fidèle à son maître. Il vous sera entièrement dévoué. Il s'entend très bien avec les enfants. Cependant, le Saint-Hubert est un chien déterminé, qui a du caractère. Si vous n'y prenez pas garde, par une éducation appropriée, il sera têtu et sourd notamment s'il décide de suivre une piste, et il sera préférable que ce soit vous qui la lui ayez indiquée. Si vous ne lui donnez pas une éducation parfaite, ne vous étonnez pas, si lors des ballades, il ne vous entend soudainement plus, et décide de prendre le maquis. Mieux vaut le tenir en laisse, ou maîtriser parfaitement « le rappel » lors de son éducation. Sachez qu'un Saint-Hubert peut suivre une piste pendant des jours entiers, ce qui fait de lui un chien très prisé par la police. Lorsque pour la première fois l'on a un Saint-Hubert ses capacités de vocalises, vous laisse pantois. Il peut hurler, faire des aboiements prolongés, gémir de manière mélodieuse, couiner à la mélancolie, tout cela pour communiquer et souvent pour vous faire savoir qu'il a la poudre d'escampette. Vous l'avez compris, un Saint-Hubert dans un appartement et ce sera l'enfer. C'est un chien qui a besoin d'espace et d'exercice.

Il est intelligent, il a un caractère tranquille, mais il reste un chien de meute. Sa socialisation sera primordiale, car sinon prenez garde, avec d'autres chiens, il fera le chef. C'est un chien de caractère, incroyablement tenace, têtu, il ne faudra pas vous fier à ses allures bonasses et mélancoliques : c'est un comédien. Le Saint Hubert est en réalité capable de réactions foudroyantes. Il ne sera jamais agressif envers vous, mais il ne se laissera pas dominer. Le chien de Saint-Hubert est une race sportive : il a besoin de sortir longtemps, régulièrement et de se dépenser.

# LE SHIH TZU

Dénommé aussi « Chien de Chrysanthème », le Shih Tzu est une boule de poils très attachante. On a toujours envie de le câliner, toujours envie de l'avoir dans les bras, tant il est mignon et adorable. Mais qu'en est-il exactement des attentes de cette peluche. Le Sih-Tzu est un chien plutôt calme, et merveilleux, aussi bien par son aspect que par son caractère jovial. Le Sih-Tzu est toujours gai, très astucieux et courageux, capable de faire de nombreuses bêtises mais de se faire pardonner aussitôt grâce à ses expressions presque humaines. C'est exclusivement un chien de compagnie, idéal pour les enfants assez grands qui sont capables de le traiter avec respect, sans lui faire de mal. Malgré sa petite taille et son caractère doux, c'est un chien qui sait se faire respecter et qui n'aime pas que l'on se moque de lui. Il est capable de « faire la tête » pendant des heures s'il considère qu'il a été réprimandé injustement. Intelligent, joueur et volontaire, la meilleure façon de l'éduquer est la méthode douce qui consiste à faire ressortir les valeurs de la confiance, la douceur, le respect, l'amour et la patience. En adoptant ce principe, tout ira bien. C'est exclusivement un chien d'appartement. Il convient à tout le monde, aussi bien aux familles avec enfants qu'aux personnes âgées. Le Sih-Tzu est un chien robuste malgré son air de peluche fragile. Son poil nécessite beaucoup de soins, surtout s'il s'agit d'un sujet de concours de beauté, ce qui est l'activité que beaucoup de maîtres lui réserve. Il ne faudra pas oublier qu'il a d'autres besoins que de faire le beau. C'est un coquin enjoué, dynamique, toujours prêt pour les promenades. À la fois sage et digne, il est très malin. Extraverti, très câlin et très sentimental, toujours à l'écoute du maître, sensible et observateur, il connaît tout de vous. Il est éminemment sociable et il accueillera avec joie tous vos proches et amis. Dans la rue il fera "ami-ami" avec tous les passants qui feront mine de s'intéresser à lui. Il accepte toutes les autres races de chiens. Et avec un peu de diplomatie de votre part, il s'entendra avec les chats. Il ne craint pas les écarts de températures mais il vaut mieux craindre pour lui la canicule. Le Shih Tzu s'éduque vraiment très facilement, si vous êtes calme car il a horreur des cris, si vous êtes doux car il ne faut jamais le brusquer, si vous êtes patient car son éducation durera jusqu'à dix-huit mois et il faudra entretenir les acquis. À l'adolescence, vers 7-8 mois le jeune Shih Tzu vous testera, il faudra être vigilant en ne lui cédant pas sans le frustrer.

# LE TERVUEREN

Tervuren est une ville située à proximité et au sud de Bruxelles. Ce qui est le plus méconnu est le fait que Duc de Grœnendael n'est pas seulement le chef de la lignée des groenendaels, mais aussi de celle des Tervuerens. Beaucoup de juges ignorent, encore la véritable descendance du Tervuren. J'ai appris cette information lors d'un concours ou j'ai présenté Loomis de Condivicnum mon mâle Groenendael, et ce par une juge Belge très compétente. J'ai vérifié cette information et mon enquête m'a appris que Messieurs Raoul Willoc du Royal Berger Club et Monsieur Verbank du Royal Groenendael club, ont confirmé cette descendance. Le plus difficile à obtenir chez le Tervuren est la couleur de sa robe qui doit être d'un fauve flambé, avec une gradation charbonnée ; de même que son museau doit être masqué. Pour obtenir le renforcement de la couleur acajou, qui est le signe distinctif des Tervuerens de grande qualité, la société royale Saint-Hubert a accepté l'accouplement entre poils longs noirs et polis court de couleur fauve. Seuls les juges éclairés et compétents qui se sont donné la peine d'étudier la race connaissent cette descendance. Les élevages de Monsieur Rose et celui de Monsieur Danhieux sont à l'origine du Tervuren. En effet la première portée de Tervuren provient de l'accouplement de Duc de Groenendael et de Miss une chienne de couleur fauve à poil court de l'élevage Danhieux. De cette portée fut retenu un mâle au pelage de couleur fauve à poils longs que l'on nomma Milsart. Aujourd'hui nous pouvons affirmer que Milsart à une descendance de Miss (poils courts couleur fauve) et de Duc de Groenendael (poils longs noirs). Duc de Groenendael descend de Petite (poils longs noirs) et de Picard d'Uccle (poils longs noirs) et Miss descend de Tom (poils courts couleur fauve) et de Poes (poils courts couleur fauve).

Il sait être en même temps un ami fidèle et un admirable compagnon de jeu, de sport canin et de travail. Toujours aux aguets, attentif, infatigable, au caractère équilibré, très sensible, il s'attache énormément à sa famille. Son obéissance est immédiate. À la maison il sera un compagnon agréable et un excellent gardien, mais comme tous les bergers belges, il demandera de l'activité.

# LE YORKSHIRE TERRIER

C'est un chien d'appartement affectueux, joueur, intelligent, gentil avec les enfants, et qui supporte assez bien la solitude. Il est de santé robuste, et facile à éduquer, mais il réclame une maîtresse avec du caractère. Mais attention, il pourra se montrer hargneux sur un intrus, aussi il ne s'entend pas toujours bien avec les autres animaux et il aime bien être le centre du monde. En conclusion sa maîtresse devra être ferme en termes de respect de la hiérarchie dans la famille. Comme tous les terriers il se montrera fugueur, et pour certains sujets un collier de périmètre sera nécessaire dans le jardin. Il ne faudra jamais oublier qu'il a été un chasseur de rats acharné : travail pour lequel il a été sélectionné à son origine.

Il fera un très bon premier chien pour un maître débutant. Il convient à une personne seule. Il est idéal pour des personnes âgées s'il a été parfaitement éduqué. Le York est très prisé en concours de beauté, dans ce cas il faudra le faire toiletter et demander avant le jour du concours de rassembler ses poils dans des bigoudis pour éviter que sa robe ne se salisse ou ne s'abîme lorsqu'il ira dans le jardin. L'entretien de sa robe nécessitera beaucoup de soins, si vous concourez en beauté. Si ne vous souhaitez pas concourir en beauté, il faudra couper légèrement son poil pour qu'il ne touche pas le sol, ce qui facilitera l'entretien de sa robe.

Si vous voulez un York qui corresponde aux critères de la race, il faudra éviter les animaleries, les particuliers, et privilégier les élevages. Si vous accueillez un York adulte, ou un chiot croisé avec un Yorkshire terrier dans votre foyer, il vous faudra être prudent : l'habit ne fait pas le moine. Le tempérament du York et à l'origine caractériel, et agressif, et c'est son éducation et son environnement qui équilibre un York. L'insociabilité, l'agressivité vis-à-vis de ses congénères ou de l'homme ne sont pas rares chez le York. L'éducation, l'environnement et l'amour éviteront ces écueils. Cela peut paraître surprenant, mais il faut absolument éduquer un York ! il en a besoin. Un Yorkshire répondra par un grognement et une morsure si des enfants lui tirent les poils, ou le martyrise d'une quelconque façon, ou si un adulte lui envoie un coup. Le Yorkshire est facile à vivre, uniquement si son maître a affirmé les règles. Le caractère primitif du Yorkshire réapparaît dans des situations où il est en présence de petites proies et parfois il fera des trous dans votre jardin.

# ADRESSES UTILES

CLUB FRANÇAIS DU CHIEN DE BERGER BELGE
190 route du Boulay 78950 GAMBAIS
mfvarlet@sfr. frhttp:
http://www.cfcbb.fr/

SOCIÉTÉ CENTRALE CANINE
155 avenue Jean Jaurès CEDEX., 93535 Aubervilliers
01 49 37 54 01
amclass@aol.com
http://www.scc.asso.fr/

ELEVAGE AMERICAN STAFF LANGUEDOC ROUSSILLON
American Staffordshire Terrier élevage« Le Treizième Ange »
amstaff.minibull@gmail.com
06.14.98.36.62
http://www.american-staff.com

CLUB OFFICIEL DU CHIEN DE BERGER ALLEMAND
82 cours Charlemagne - 69002 Lyon
04 72 77 64 55 - 04 72 77 64 54
agalian-ccba@berger-allemand.net
http://news.berger-allemand.net/le-ccba/

CLUB FRANÇAIS DES BERGERS AUSTRALIENS
Renée VIZZARI
vizzarirenee@wanadoo.fr
Tél : 06 74 43 54 87 – 04 90 77 97 82
http://club-berger-australien.org/

CLUB LES AMIS DU BERGER PICARD
Melle Françoise QUINTO 2 rue Cadot 17200 ROYAN
Tél : 05.46.38.75.72
Mél : francoise.quinton@orange.fr
http://www.berger-picard.fr/

BERGER DE LA SIERRA DE AIRES
ELEVAGE DES GARDIENS DE LA HOULETTE
Mme Garreaud Lydia
36120 Pruniers 36 - Indre - France
http://gardiensdelahoulette.chiens-de-france.com/

CHIENS DE BERGERS DE MAJORQUE
ELEVAGE DE BELLEVUE
1 route de BELLEVUE
77370 RAMPILLON
Téléphone : 0671859995
elevage.canin77@live.fr
https://www.elevage-bellevue.fr

ASSOCIATION FRANCAISE DU BORDER COLLIE
9, rue Chanzy 87300 BELLAC -
Tel : 05.55.60.22.13
awolters@club-internet.fr
http://www.lafbc.net/

LE YORKSHIRE TERRIER CLUB
331 rue Chopin 01000 SAINT DENIS LES BOURG
pierrette.e@orange.fr
Tél. 04 74 32 04 07
http://www.yorkshireterrier-club.com/

CLUB DES CHIENS TIBETAINS DE FRANCE ET SHIH TZU
AdresseAvenue Leon Amic
Les Couestes
83390 CUERS
Téléphone04 94 13 84 10
PresidentM. METANS Jean-claude
Site internethttp://www.chienstibet..

CLUB SAINT HUBERT DU NORD
Jean-Jacques DUPAS
26 Résidence Charles Dupas
59111 LIEU-SAINT-AMAND
E-Mail : dupas.jean-jacques@wanadoo.fr
https://www.cshn.fr/

RETRIEVER CLUB DE FRANCE
Renée Rault
01 60 69 55 77
raultrg@aol.com
https://www.retrieverclubdefrance.com

JACK RUSSELL TERRIER CLUB
Gérald VOTTIER
10 RUE BLANCHE BARCHOU
27000 EVREUX
06 08 42 55 11
https://www.jackrussellofficiel.com

SIBERIAN HUSKY FRANCE
Franco Mannato
Château de la Boissière
86350 St-SECONDIN
mail : franco.mannato@orange.fr
http://siberianhuskyfrance.net/

CLUB DE L'EPAGNEUL BRETON
3 chemin du Tuquet Blanc, 47300 PUJOLS.
Pierre Floiras
06 81 21 68 07
http://www.epagneul-breton.net/

CLUB FRANÇAIS DU DOGUE ALLEMAND
Jean-François Martin
4, rue Paul Pugnaud - 66650 Banyuls sur Mer
Tél: 04 68 22 20 41
http://www.doggenclub.com/

DOBERMANN CLUB DE FRANCE
M. Claude CALLEJON
1485 rue d'Amboise
37150 Civray de Touraine.
http://www.dobermann-club-france.asso.fr/

KING CHARLES ET CAVALIER KING CHARLES
CLUB DES EPAGNEULS NAINS ANGLAIS
Claudine Aupetit
Berges
58140 St Martin du Puy
03 86 22 62 27
http://cena.asso.fr/cena/

CLUB DU CANICHE DE FRANCE
M. Jean BLANGINO
1 Avenue des Mousquetaires
06100 NICE
Tél : 04 93 51 77 44
e-mail : jean.blangino@wanadoo.fr
https://www.clubducanichedefrance.fr/

ASSOCIATION FRANÇAISE DU CANE-CORSO
Les Croyes, 1610, route de la Bastide,
84240 Grambois

CLUB OFFICIEL DU CHIEN BOXER EN FRANCE
10 rue Aimé Champin - 26 CHAROLS
Cédric ODA
oda.cedric24@gmail.com
http://www.afboxer.com/


ASSOCIATION FRANÇAISE DES BOUVIERS SUISSES
Patrick DALLIERE
02 47 50 04 11
http://afbs-asso.com/


CLUB DU BOULEDOGUE FRANÇAIS
LA BASSE CHENAIE 49150 FOUGERE
0241822021
elyse.waget@gmail.com
http://www.cbf-asso.org/txt/identite.htm


association française du border collie
9 rue chanzy 87300 belles
0555602213
afbe.fr@gmail.com
http://www.lafbc.net/new_menu/index.php

CLUB DES BICHONS ET PETITS CHIENS LIONS
Adresse3 Rue Des Falaises 95280 JOUY LE MOUTIER
01 34 43 57 00
Mme CONFRERE Monique
Site internethttp://www.club-bpcl.com/

Association des Bergers Néerlandais de France
Mme Annie POUVESLE
Tel : 03 86 91 17 70
annie.pouvesle@gmail.com
http://abnf.fr/club_organisation

Le code de la propriété intellectuelle n'autorisant, aux termes de l'article L. 122 — 5, 2 ° et 3 ° a, d'une part, que les « copies ou reproductions strictement réservées à l'usage privé du copiste et non destinées à son utilisation collective » et, d'autre part, que les analyses et les courtes citations dans un but d'exemple et d'illustration, « toute représentation ou reproduction intégrale ou partielle faite sans le consentement de l'auteur ou des ayants droit ou ayant cause est illicite » (art. L. 122-4). Cette représentation ou reproduction, par quelque procédé que ce soit, constituerait donc une contrefaçon sanctionnée par les articles L. 335-2 et suivant du Code de la propriété intellectuelle.

Le droit d'auteur français est le droit des créateurs. Le principe de la protection du droit d'auteur est posé par l'article L. 111-1 du code de la propriété intellectuelle (CPI) qui dispose que « l'auteur d'une œuvre de l'esprit jouit sur cette œuvre, du seul fait de sa création, d'un droit de propriété incorporelle exclusif et opposable à tous. Ce droit comporte des attributs d'ordre intellectuel et moral ainsi que des attributs d'ordre patrimonial ».

L'Encyclopédie mondiale des chiens propose les 331 races reconnues à travers le monde et coûte 99 euros. J'ai fait un choix en présentant certaines races les autres ayant à mon sens des caractéristiques proches. Les races de chiens ne se différencient pas seulement par la beauté, la taille et le poids, mais aussi par le caractère et les aptitudes particulières.
En faisant l'acquisition d'un chiot, vous encouragez le mode d'élevage. Un chiot doit naître et grandir dans le respect de ses besoins physiologiques et psychologiques, qui ne sont ni l'exiguïté, ni le minimum vital en guise de soins et encore moins la brutalité. Les parents du chiot doivent avoir été testés pour les maladies pour lesquelles ils sont prédisposés. Un chiot doit avoir des parents inscrits au LOF, car les accouplements par hasard d'une rencontre ne garantiront jamais les spécificités d'une race. Les éleveurs agréés par les clubs de race garantissent la continuité de la race. Votre choix n'est pas anodin. Avant d'acquérir l'une des races que je présente, je vous invite à visiter le club de race rattaché à la Société Centrale Canine et à lire mon guide sur la race que vous retrouverez en vente exclusivement sur Amazon. Il vous suffira de recopier ce lien dans votre navigateur WEB : http://amzn.to/2Asf4Oz